St. Johannes der Täufer in Rumes

Doris H. Henning

Doris H. Henning

St. Johannes der Täufer in Rumes
Ein Kirchenführer

Bibliografische Information der Deutschen Nationalbibliothek:
Die Deutsche Nationalbibliothek verzeichnet diese Publikation
in der Deutschen Nationalbibliografie; detaillierte
bibliografische Daten sind im Internet
über http://dnb.d-nb.de abrufbar.

© 2013 Doris H. Henning

Herstellung und Verlag:
 BoD – Books on Demand, Norderstedt
 ISBN 978-3-7322-3881-1

INHALTSVERZEICHNIS

VORWORT

Das vorliegende Buch ist der Versuch, Forschungs-
ergebnisse um die evangelische Dorfkirche in Rumes einem
interessierten Personenkreis in gekürzter Form vorzustellen.
Vorlage für diese Publikation ist meine Magisterarbeit am
Lehrstuhl für Kunstgeschichte an der Universität Augsburg
mit dem Titel „Typologie vorreformatorischer Kirchen in
Südwestsiebenbürgen. St. Johannes der Täufer in Rumes –
Bewertung und Einordnung". In einer etwa eineinhalb Jahre
dauernden Forschungsphase ab dem Sommer 2011 war ich
bemüht, den romanischen Kern des Bauwerks nachzuwei-
sen. Diese These wurde im Herbst 2012 widerlegt, sodass
die gängige Datierung der Kirche in der Fachliteratur um
einige Jahrhunderte korrigiert werden konnte. Zur besseren
Lesbarkeit wurde auf Fußnoten verzichtet, jedoch findet
sich ein gekürztes Literaturverzeichnis am Ende des Buches.

Mai 2013

St. Johannes der Täufer – Rumes

Ortsnamen:	Rumes (dt.), Romos (rum.), Romosz (ung.), Rams/Ramas/Ramacha (lat.)
Kreis:	Hunedoara
Kirchenkapitel:	Brooser Kapitel
Hist. Zugehörigkeit:	Brooser Stuhl
Patrozinium:	ursprünglich unbekannt seit 1487 ist die Kirche Johannes dem Täufer geweiht
Patronatstag:	24.Juni
Ausrichtung:	92,5°

☐Europa

☐Rumänien

☐Siebenbürgen

Bistritz

Klausenburg

Weißenburg

Diemrich   • Mühlbach

• Reußmes   • Hermann-   Kronstadt
              stadt

GEOGRAPHISCHE EINORDNUNG

Rumes gehört zum zentralen Besiedlungsgebiet Siebenbürgens, das 1224 durch König Andreas II. von Broos bis Draas definiert wurde. Von Anfang an liegt Rumes auf Königsboden, 12 km südöstlich von Broos, zu dessen Stuhl es ursprünglich auch gehörte. Heute gehört es zum Kreis Hunedoara und befindet sich etwa 5 km südlich der Europastraße 68, die Diemrich und Mühlbach miteinander verbindet. Durch den Ort fließt der gleichnamige Bach, der in den Mieresch mündet.

Die Rumeser Kirche liegt auf einer Anhöhe östlich des Pfarrhofes und ist schon kurz nach dem Verlassen der Europastraße weithin sichtbar. Der Hügel fällt im Westen zum Dorf hin steil ab, während er im Osten in den Hang übergeht. Im Westen der Kirche befindet sich zwischen zwei Resten der alten Ringmauer ein Tor, von dem aus man über Stufen zum Dorf gelangt. Das Gelände steigt auf der Länge der Kirche von West nach Ost um etwa 1,60 m an. Der Untergrund, auf den die Kirche gebaut wurde, besteht aus Sandstein. Zwischen den Sandsteinschichten sind „Wasserkissen" eingelagert, die während trockener Jahre in sich zusammensinken. Diese Erdbewegungen führen zu Rissen am Bauwerk.

GESCHICHTE DES ORTES

Der für die Rumeser Kirche relevante Zeitabschnitt beginnt mit der ungarischen Eroberung Siebenbürgens und der Ansiedlung deutscher Einwanderer zur Befestigung des Gebietes im 11. und 12. Jahrhundert.

Erstmals urkundlich erwähnt wird Rumes im Jahre 1206 in einer Urkunde des ungarischen Königs Andreas II. Er verleiht den drei Dörfern Krakau, Krapundorf und Rumes die Freiheit einer eigenen Gerichtsbarkeit, Befreiung vom Grenzdienst, der Abgabe des Zehnten und von Steuern. Die Bewohner werden in dieser Urkunde erstmals als Sachsen bezeichnet. Es ist anzunehmen, dass diese frühen Siedler des Unterwaldes Wallonen waren oder aus dem deutsch-romanischen Grenzgebiet kamen. Darauf weisen Grabfunde aus Krakau und Mühlbach hin, welche Objekte aus der Urheimat dieser Siedler enthielten.

Im Rahmen eines Gerichtsprozesses in Karlsburg wird 1309 erstmals ein Rumeser Pfarrer Baldemi erwähnt. Damit gab es nachweislich spätestens zu diesem Zeitpunkt eine christliche Gemeinde. Die Zahl der Gemeindemitglieder wird, bei 255 dokumentierten Feuerstellen, auf 1300 Personen geschätzt. Auch wird ab dieser Zeit kontinuierlich, durch alle Jahrhunderte hinweg, von einer Schule im Dorf berichtet.

Während die Gemeinde 1241/42 von den Mongoleneinfällen verschont blieb und auch 1420 bei dem Türkenangriff, der Broos stark in Mitleidenschaft zog, keine größeren Schäden nahm, wurde sie 1438

zerstört. Diesem Überfall konnten nur sieben Männer durch Flucht in den Wald entkommen. Spätestens 1488 sind wieder 70 „Wirte" (Höfe) in Rumes belegt. Ab dem 15. Jahrhundert überwiegt in Rumes und Broos der rumänische Bevölkerungsanteil. Man kann davon ausgehen, dass die rumänische Zuwanderung nicht nur geduldet, sondern sogar erwünscht war, da andernfalls die Gemeinde die Abgaben an die Nationsuniversität, die nicht pro Kopf, sondern flächenmäßig erhoben wurden, nicht mehr hätte tragen können. Wir kennen eine ganze Reihe mittelalterlicher Orte im Unterwald, die im Laufe der Zeit ihre Bevölkerung fast ganz verloren hatten, da die türkischen Angriffe bevorzugt über den Westen nach Siebenbürgen herein fielen und damit den Unterwald jedes Mal mit harter Wucht trafen. Die gezielte Ansiedlung von Rumänen kann also als Maßnahme zur Erhaltung der Gemeinden gewertet werden.

Ab 1560 gibt es, wie auch an vielen anderen Orten, keine Gräfen mehr in der Gemeinde.

BEVÖLKERUNGSTABELLE

Jahr	Insg.	Rumänen	Sachsen	Andere	Quelle
1334	255 Wirte (=Höfe)			1 Mühle, 1 Grafenhof, 1 Pfarrhaus	Amlacher 1912, S. 9.
1438	7				Amlacher 1912, S. 10f.
1488	70 Wirte			10 Arme, 4 Hirten, 1 Mühle, 1 Pfarrer, 1 Lehrer	Berger 1894, S.51.
1532	52 Wirte				Quellen 1889, S.282.
1539			40 Wirte	18 Arme, 1 Pfarrer	Stenner 1887, S.112.
1764		+200 Familien			Amlacher 1912, S17.
1765			125		Amlacher 1912, S.44.
1805			186		Amlacher 1912, S.44.
1850	2046	1578	290	178 Andere	Arpad 2008, S.136.
1865			256	41 Schüler	Amlacher 1912, S.44.
1870			286	56 Schüler	Amlacher 1912, S.44.
1873			221*	20 Schüler	Amlacher 1912, S.44.
1880	1652	1345	178	128 Andere	Arpad 2008, S.136.
1890	1673	1374	218	72 Andere	Arpad 2008, S.136.
1900	1641	1417	212	1 Anderer, 39 Schüler	Arpad 2008, S.136. Amlacher 1912, S.44.
1910	1666	1388	238	27 Andere, 40 Schüler	Arpad 2008, S.136. Amlacher 1912, S.44.
1920	1552	1311	237		Arpad 2008, S.136.
1930	1551	1145	227	1 Ungar 137 Zigeuner 1sonst.	Wagner 1977, S.373.
1941	1591	1336	243	11	Arpad 2008, S.136.
1957	1474				Wagner 1977, S.373.
1966	1347	1147	197		Arpad 2008, S.136.
1977	1386	1047	184	151	Arpad 2008, S.136.
1992	1261	1008	91	158	Arpad 2008, S.136.
2002	1160	1137	19		Arpad 2008, S.136.

Rumes – Bevölkerungstabelle von 1334 bis 2002

*1872-1874 Scharlach-Dyphterie Epidemie in Rumes. (Amlacher 1912, S.44.)

KIRCHE

„Mit Weisheit wird das Haus gebaut
Und mit Verstand erhalten."

- Sprüche Salomos 24,3 –

Die Chorkirche ist ein 31,60 m langer und 10,70 m breiter gotischer Bau. Er besteht aus einem Chor mit 5/8-Abschluss, dem Kirchenschiff, dem Westturm und einem Anbau als Turmstütze. Gemeindesaal und Altarbereich sind durch einen spitzbogigen Triumphbogen getrennt. Der Chor war ursprünglich - im Gegensatz zum Gemeindesaal - überwölbt. Heute ist der gesamte Innenraum flach gedeckt.

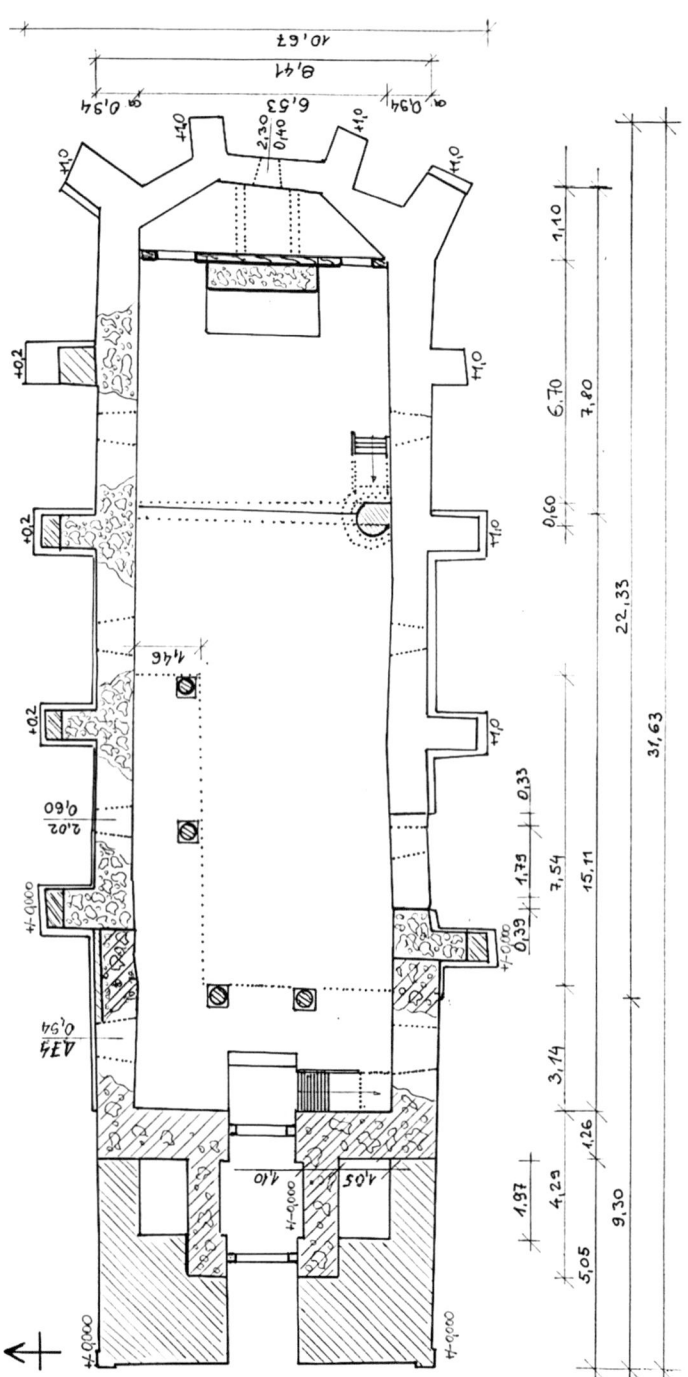

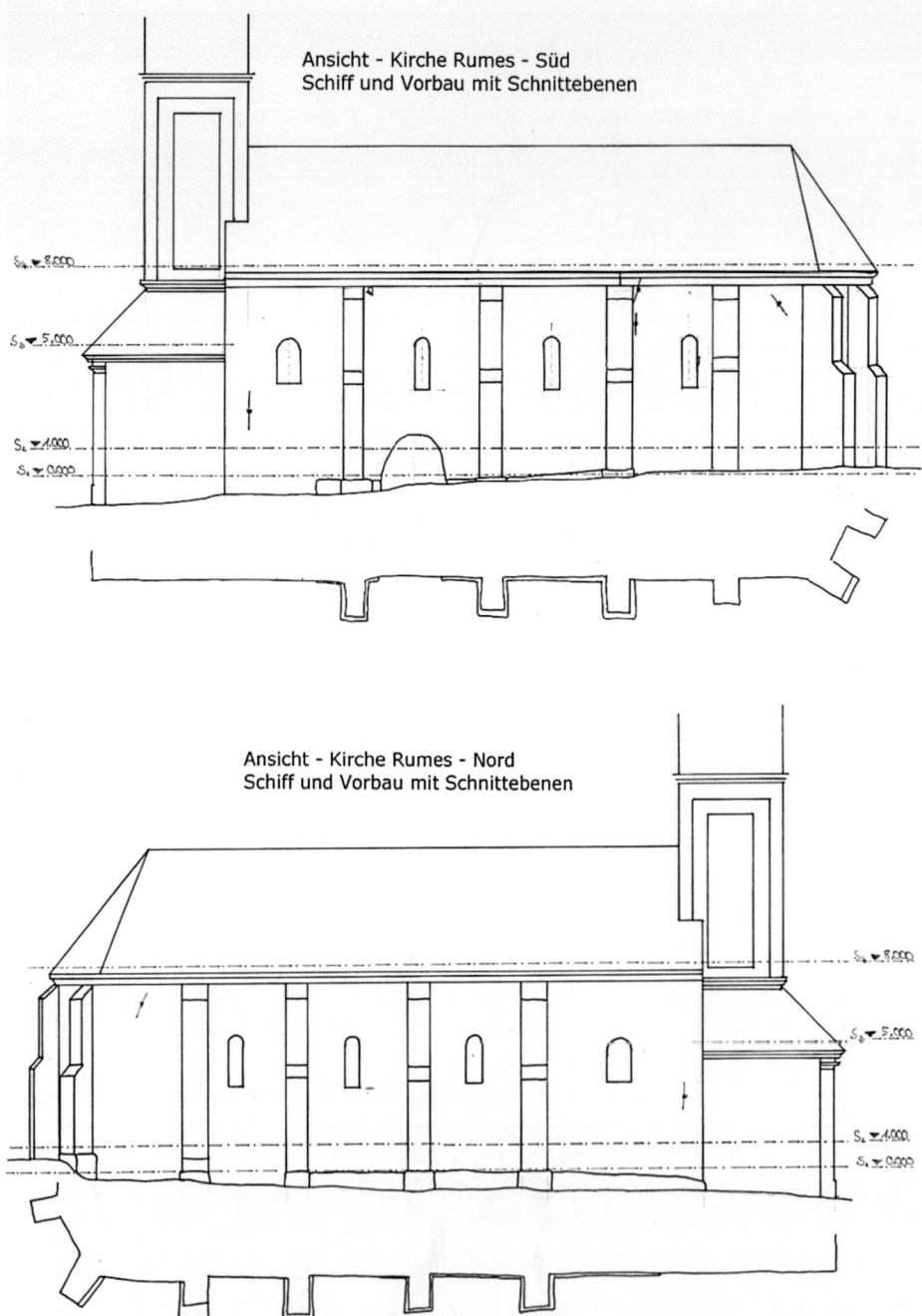

Ansicht - Kirche Rumes - Süd
Schiff und Vorbau mit Schnittebenen

Ansicht - Kirche Rumes - Nord
Schiff und Vorbau mit Schnittebenen

AUßENBAU

Die Fassade ist durch zwölf zweifach ge-treppte Strebepfeiler und schmale Fenster mit Rundbogenab-schluss vertikal, sowie durch Sockel und Gesims horizontal ge-gliedert.

Der Turm ist zu etwa einem Sechstel seiner Tiefe in die Mitte der Westfassade eingelas-sen. Er hat eine quad-ratische Grundfläche und ist 33,50 m hoch. Von seinen vier Ge-schossen sind nur die oberen zwei sichtbar, die unteren beiden sind von einem Vorbau verdeckt.

Grundriss - Kirche Rumes - Turm
Schnittebenen: +/- 0,000 ; + 5,00 ; + 8,00 ; + 22,00

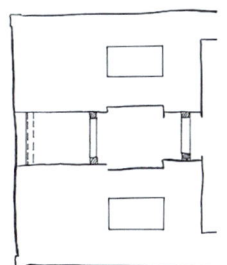
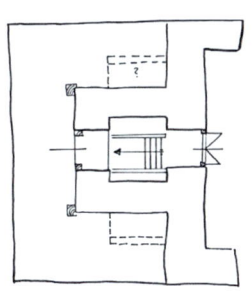
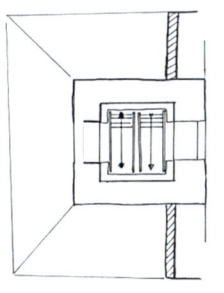
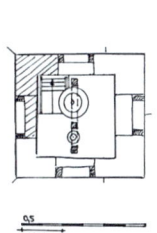

Während der Turm eine sehr aufwändige Fassadengestaltung aufweist, greift der Vorbau zwar noch einige Gliederungselemente auf, ist aber sehr schlicht gehalten.

Die gleiche Stilentwicklung ist im Inneren der Kirche zu beobachten, wo zeitgleich zum Turm die Westempore mit Blattkränzen verziert wird, während der später entstandene nördliche Arm der Empore lediglich einen profilierten Reif auf der Brüstung trägt.

Der Turm stammt von 1814-19, während der Vorbau erst in der Mitte desselben Jahrhunderts gebaut wurde, um den Turm zu stützen. Der westliche Gebäudeteil hatte sich nach Süden hin abgesenkt und statisch bedenkliche senkrechte Risse bekommen.

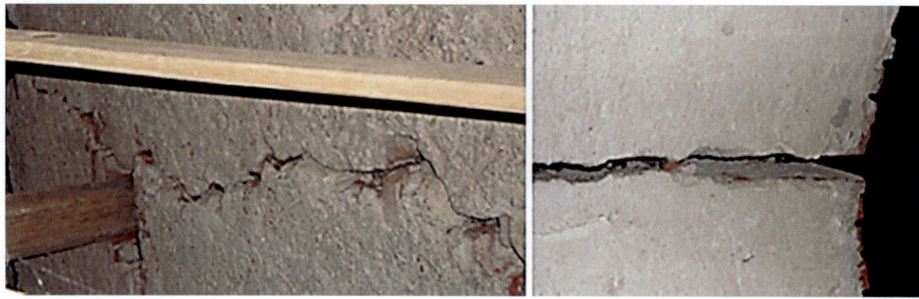

Die Stützkonstruktion des Vorbaus ist eine nach unten geöffnete Parabel, wie durch ein Loch in der Decke des südlichen Vorbaus ersichtlich ist.

MATERIAL

Das Kirchenschiff, der Chor und die Strebepfeiler bestehen durchgehend aus teils lagerhaft, teils wild verlegtem Bruchstein mit Orts- und Sockelquadern.

An den Stellen an denen der Verputz abgeblättert ist, ist zumindest im westlichen Teil ein gleichmäßiger Mauerverbund zu sehen, der im Bereich der Fenster, aber auch an den Strebepfeilern Ziegelausbesserungen aufweist.

Unter dem heutigen Putz ist noch eine ältere Putzschicht zu sehen, sie zeigt, dass die Fensterform im Rahmen von Umbauten verändert wurde.

Der Vorbau, die untersten beiden Turm-
geschosse bis auf Traufhöhe und das
westlichste Joch sind als Schichtmauerwerk ausgeführt, Bruchsteinmauerwerk
und Ziegel wechseln sich dabei ab.

Oberhalb der Traufe bestehen der Turm,
die verbleibenden Teile des westlichen
Giebelfeldes und der Vorbau aus
Ziegelmauerwerk.

In der Eingangshalle des
Turmes ist ein zerbro-
chener Mühlenstein ein-
gearbeitet. Er ist ein
Überbleibsel der Kir-
chenmühle, deren Bau-
recht Rumes unter dem
Pfarrer Johann Georg
Wagner 1760 erhalten
hatte.

Die Kirche ist von einem Friedhof umgeben. Die Gräber sind parallel zur Kirche angeordnet, wobei die Grabsteine nach Westen zeigen und die Grabplatten nach Osten. Ihre Beschriftung ist vom Eingang, also von Westen her lesbar und nicht wie üblich von der Grabplatte aus. Der Friedhof ist heute nur noch von einer Hecke umgeben.

Im Westen der Kirche sind allerdings noch zwei Abschnitte der ursprünglichen Umfassungsmauer zu sehen. Nachdem ab 1500 auch profane Bauten aus Stein errichtet werden, hält der Steinbau schließlich im 17. und 18. Jahrhundert auch in den Dörfern Einzug. Im 19. Jahrhundert verliert auch Rumes die meisten seiner Holzhäuser, sodass die Mauer für den Bau deren steinerner Nachfolgebauten abgetragen wurde. 2011 werden vom Kurator der Gemeinde Johann Bauer Fundamente eines Westturmes nördlich des Eingangstores gefunden.

INNENRAUM

Das Bodenniveau im Inneren passt sich dem Geländeanstieg an. Schiff und Altarraum sind flach gedeckt, obwohl im Chor noch die Konsolen des ursprünglichen Gewölbes sichtbar sind. Kirchenschiff und Altarraum sind durch einen spitzbogigen Triumphbogen voneinander getrennt.

Rechtsseitig direkt unterhalb des Triumphbogens steht die **Kanzel**. Sie besteht aus fünf Seiten eines regelmäßigen Zwölfecks und ist über wenige Stufen zu erreichen. Über ihr hängt der Schalldeckel mit einer Taube, die den Heiligen Geist symbolisiert.

In der Mittelachse steht der **Hochaltar** auf einem bruchsteinernen Sockel mit Holzgehäuse. Er ist pyramidal mit vier Geschossen aufgebaut. Die Predella zeigt das letzte Abendmahl in Öl auf Holz. Darüber hängen zwei Ölbilder auf Leinwand, Geschenke von dem Brooser Maler Johann Reumann von 1865. Das Bild der Predella unterscheidet sich stark von den Bildern des 19. Jahrhunderts, wahrscheinlich gehörte es bereits dem Altar von 1740 an. Das Bild im zweiten Geschoss zeigt Jesus am Kreuz, es ist flankiert von zwei Pilastern. Daneben finden sich die unterlebensgroßen Figuren von Petrus und Paulus, sie wurden 1902 von dem Schäßburger Kunsttischler Johann Vogel eingesetzt, aber mit großer Wahrscheinlichkeit nicht von ihm geschnitzt.

Die gleichen Figuren finden sich in dem neogotischen Altar in Heltau, der bereits 1879 geweiht wurde. Es ist anzunehmen, dass die beiden Heiligen aus einer Devotionalienmanufaktur stammen. Beide Figuren stehen in einer Nische zwischen zwei korinthischen Säulchen. Das dritte Geschoss beherbergt die Taufe Christi und ist flankiert von je einem Pilaster, sowie je zwei korinthischen Säulen, die gestaffelt aufgestellt sind. An den Rändern stehen zwei Gefäße. Abgeschlossen wird der Altar von einem gesprengten Giebeldreieck, über dem das allsehende Auge in einer Sonne vermeintlich zu schweben scheint.

Der Steinkern des Sockels scheint aus der Bauzeit der Kirche zu stammen. Der Holzaufbau wurde 1740 angefertigt, 1783 durch den Hermannstädter Tischler Samuel Wolf umgebaut und 1865 von Carl Fries aus Mühlbach durch eine Spende der Familie des verstorbenen Pfarrers Geltch bezahlt. Die letzten Ausbesserungsarbeiten fanden 1902 statt, aus dieser Zeit stammt auch die Kanzel. Es ist anzunehmen, dass das heutige Aussehen des Altars maßgeblich von dieser Renovierung beeinflusst wurde.

Der polygonale Chorabschluss wird durch eine halbhohe hölzerne Wand abgetrennt und dient somit als Sakristei, die nicht - wie andernorts üblich - als separater kleiner Raum seitlich des Chores angefügt ist. Der Mauerbereich hinter der Holzwand wurde zu einem unbestimmten Zeitpunkt als Schutz vor eindringender Feuchtigkeit mit Bitumen beschichtet.

Weitere Ausstattungsstücke des Chores sind zwei Gestühle, die jeweils an der Nord- und Südwand stehen, sowie ein Lesepult und das Taufbecken. Sie sind aus Holz und mobil. Unterhalb des Triumphbogens ist noch das Führungsseil für eine mit Sternmotiv bemalte Lampe zu finden. Sie ist Teil des Weihnachtsgottesdienstes und stellt im Krippenspiel den Stern von Bethlehem dar. Solche Sterne finden sich auch in anderen Kirchen Siebenbürgens bis zum heutigen Tag, so z.B. in Langenthal.

Das Langhaus ist gänzlich mit Kirchengestühl ausgefüllt. Es wurde 1893 von dem Rumeser Tischler Christian Bauer zusammen mit dem Chorgestühl angefertigt.

An der Südwand befindet sich eine Gedenktafel für die Opfer der Kriege und deren Folgen, sowie die steile Stiege als Aufgang zur Empore.

1999

2012

EMPORE UND GLOCKENTURM

An der Westwand und der Hälfte der Nordwand befindet sich die Empore. Sie bietet Sitzplätze für konfirmierte Jungen, den Zugang zum Turm und Platz für die Orgel.

Es handelt sich um ein Instrument der Firma Rieger in Jägerndorf und weist vergoldete Verzierungen auf holzfarbenem Grund auf. Die Kirchenbücher geben Auskunft über die Aufstellung im Jahre 1890 und eine Renovierung im Jahre 1929. Es handelt sich um ein Positiv, eine einmanualige **Orgel** mit nur wenigen Registern ohne Pedal. Am Spieltisch finden sich die Schriftzüge „Wien 1873 • Kirchen-Concert-Orgel und Harmonium Fabrik • Paris 1878 | IN JÄGERNDORF • GEBRÜDER RIEGER • OEST. SCHLESIEN" und „Opus 278". Aktuell ist sie nicht spielbar.

Am östlichen Ende der Nordempore hängt eine Fahne zum Totenge-
denken. Auf der Vorderseite zeigt sie die zehn Gebote und auf der
Rückseite ist sie beschriftet: „Diese Fahne verehrt Georg Delg
gebürtig von Neudorf gewesener Rektor in Romos Zum Andenken
seines verstorben Sohn Joh. Georg Delg alt 18 Jahr."

Im Glockengeschoss hängen zwei **Glocken**. Die kleinere mit einem
Durchmesser von 0,46 m ist über ihre Inschrift „GLORIA ⬩ IN ⬩
EXCELSIS ⬩ DEO ⬩ REFUSA ⬩ SUM ⬩ A ⬩ 1795" datiert, jedoch ist ihr
ursprünglicher Aufhängungsort nicht klar. Die Inschrift der großen
Glocke mit einem Durchmesser von 1,13 m „Herr ⬩ Du ⬩ bist ⬩ unsere
⬩ Zuflucht ⬩ für ⬩ und ⬩ für | Das evangelische Rumes | 1923" zeigt
an, dass sie für Rumes gegossen wurde, nachdem die Vorgängerglocke 1916 im Zuge des Kriegs requiriert wurde.

ROMANISCHER KERN

Gustav Treiber vermutet bereits zur Mitte des 12.Jahrhunderts die Existenz einer romanischen Basilika auf dem Bergplateau in Rumes, Albert Amlacher hingegen erst kurz vor 1300. Da sich aus dieser Zeit keine Schriftzeugnisse für diese Kirche erhalten haben, kann eine Bewertung nur über den Vergleich mit anderen Kirchen in Zentralsiebenbürgen geschehen. In Krakau befindet sich ebenfalls eine Chorkirche, deren heutige Form aber erst durch Abtragen der Seitenschiffe im 15. Jahrhundert entstanden ist.

Auf der Suche nach den Fundamenten der Rumeser Seitenschiffe des romanischen Vorgängerbaus, wurde eine kleine Grabung nördlich des Gemeindesaals initiiert, bei der Mauerreste gefunden wurden.
Diese verlaufen nicht parallel zu dem heutigen Schiff, sondern sind um einige Grad aus der Kirchenachse gedreht.

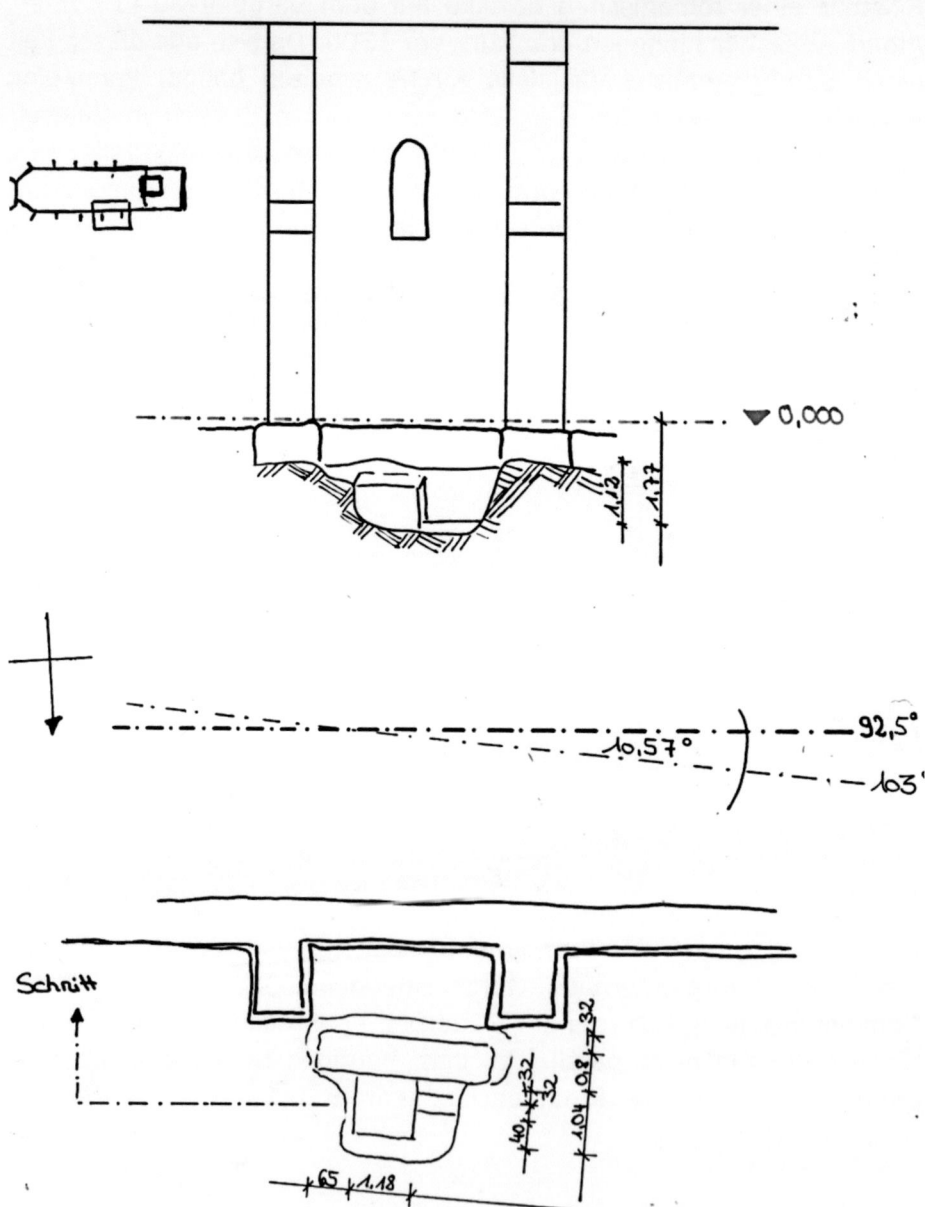

Grundriss und Ansicht - Kirche Rumes - Grabung
Nordseite

In 1,45 m Entfernung von der Kirchenfassade wurde eine aus Haustein bestehende Mauer mit einer Breite von 0,80 m gefunden. Nördlich fügt sich an dieses Mauerstück ein kleiner Anbau mit annähernd quadratischem Grundriss von 1,04 m x 1,18 m an. Er ist baulich nicht mit der Mauer verbunden und besteht aus kleineren, dafür regelmäßigeren Quadersteinen. In 0,32 m Abstand zu der Mauer und parallel zu dieser entspringt dem Anbau ein rechteckiger Riegel, bzw. eine Schwelle.

Durch die räumliche Nähe, der jedoch unterschiedlichen Ausrichtung der Mauern, kann davon ausgegangen werden, dass sie nie zu ein und demselben Gebäude gehört haben. Daher stellt sich die Frage nach einem Vorgängerbau. Es ist wahrscheinlich, dass bereits die ersten Siedler ihren Kultbau auf dem Sandsteinplateau östlich der Gemeinde errichteten, da auch andernorts geographische Erhöhungen oder zumindest markante Gebiete für den Kirchenbau bevorzugt wurden. Nicht nur die Lage, sondern auch die Mauerdicke lassen sich mit den anderen romanischen Bauten vergleichen, z.B. Michelsberg mit einer 0,80 m dicken Außenmauer am nördlichen Seitenschiff.

In den, die Mauer umgebenden Erdschichten wurden außerdem viele Eisennägel unterschiedlicher Größe, Scherben von Tongefäßen, Ziegelstücke, Zementbrocken und Brandspuren gefunden, welche ein Indiz für die Zerstörung während des Türkeneinfalls von 1438 sein könnten. Eine endgültige Aussage, worum es sich bei dem gefundenen Mauerverbund handelt, lässt sich an dieser Stelle aber noch nicht treffen.

Mit Sicherheit lässt sich lediglich feststellen, dass es sich um das Rudiment eines älteren Vorgängerbaus handelt, da Hausteine auf dem Rumeser Kirchenberg im 15. Jahrhundert nur noch vereinzelt verwendet wurden.

SPÄTGOTISCHER NEUBAU

Die Rumeser Kirche wird 1438 durch die türkische Armee schwer beschädigt und in der Folge neu errichtet.

1487 wird Johannes der Täufer als Kirchenpatron der Rumeser Kirche erwähnt. Dies zeugt davon, dass die Kirche zu diesem Zeitpunkt wieder Bestand hatte. Dazu passt, dass die Abweichung der Kirche um 2,5° von der Ostung, dem Sonnenstand am Patronatstag dem 24. Juni entspricht. Den Termin des Baubeginns in der Zeit vor 1487 zu erwarten, deckt sich zudem mit dem Zeitpunkt der Wiederbevölkerung des Rumeser Gemeindegebietes, auf welchem sich 1488 bereits wieder 70 Höfe befanden.

Der Bau des 15. Jahrhunderts ist in der heutigen Kirche noch rudimentär erhalten.

Dieser spätgotische Neubau ist eine Chorkirche auf Zweidritteln der heutigen Länge, also vom Chor bis zum westlichsten Strebepfeiler. Die Kirche wirkte damals wesentlich kompakter und verhältnismäßig höher, ganz im Gegensatz zu dem langgestreckten Eindruck, den sie nach dem Anbau des westlichsten Joch und der Turmstütze macht. Der Baukörper wird ringsum durch Strebepfeiler mit nicht ganz regelmäßigen Abständen gegliedert. Der teilweise wilde Mauerverbund legt nahe, dass die Fassade bereits ab diesem Zeitpunkt verputzt war.

SÜDPORTAL

Nachdem im Laufe der Zeit große Putzflächen verloren gingen, kam an der Südfassade eine vermauerte Portalöffnung zum Vorschein. Obwohl die Öffnung nachgewiesenermaßen bauzeitlich ist, ist das dort verwendete Steinmaterial anderen Ursprungs und wurde nachträglich eingebaut.

Die breite Sockelaussparung, sowie die Steinkanten oberhalb und seitlich des Portals lassen darauf schließen, dass der erste Durchgang an dieser Stelle größer war, als es die heutigen Formen nahelegen.

Bei den Steinformen fällt auf, dass kaum einer der Steine kraftschlüssig mit seinem Nachbarstein vermauert wurde, sodass die Auflagerkraft vom darüber liegenden Mauerwerk nicht aufgenommen werden kann. Seltsam muten auch die unterschiedlich hohen Widerlager an, die zu einem einhüftigen Bogen führen.

Beim Entfernen des Zements von den untersten Bogensteinen, wurden Überbleibsel bildhauerischen Schmucks sichtbar.

Das obere Bild zeigt den linken, das untere den rechten Kämpfer. Es könnte sich einst um ein Weinblattornament gehalten haben.

Umzeichnung - Kirche Rumes - Südportal

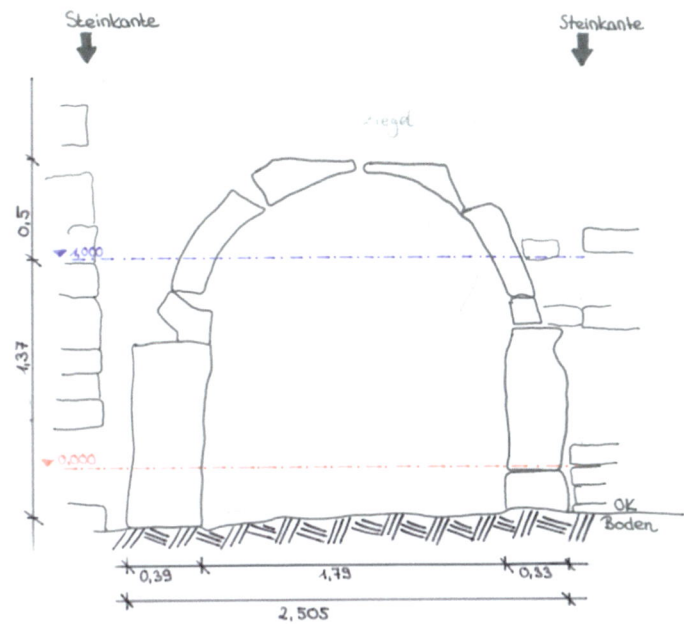

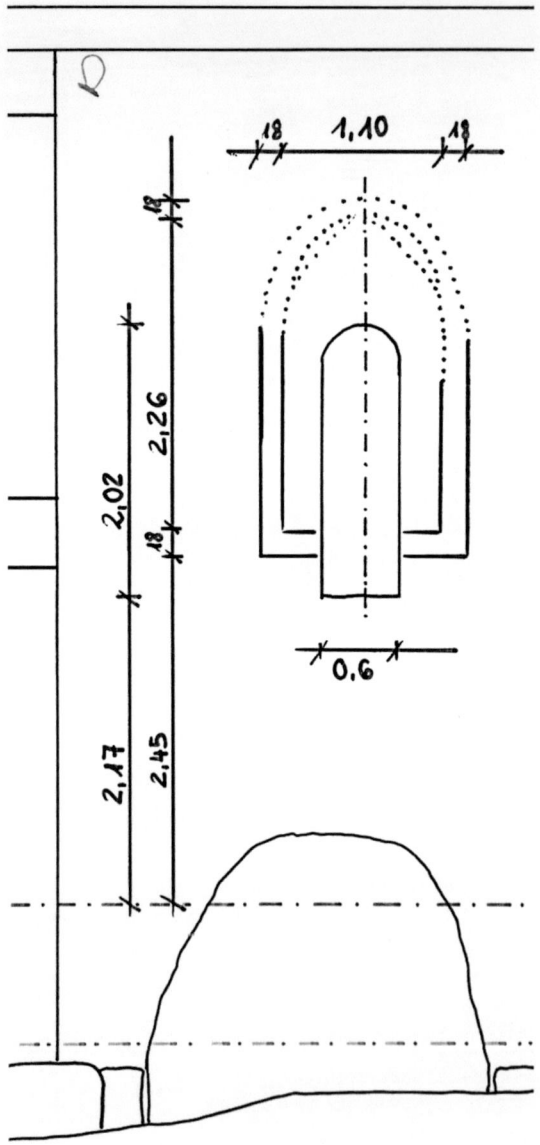

Nicht nur die Portalöffnung hatte in diesem spätgotischen Bau noch eine andere Form, auch die Fenster haben ihr Aussehen im Laufe der Jahrhunderte verändert.

Die ursprüngliche Form kann durch erhaltene Putzrahmungen näherungsweise bestimmt werden.

Sicher ist deshalb, dass die alten Fensteröffnungen etwa einen halben Meter höher lagen als die heutigen und es zwei Fenster mehr gab.

Ihre Maßwerkverzierung soll erst 1922 verloren gegangen sein.

GEWÖLBE

Eines der prägenden Elemente des Äußeren des Kirchenschiffs sind die Strebepfeiler. Obwohl sie im Normalfall das Gewicht des Gewölbes tragen sollen, sind diese hier gar nicht dazu in der Lage. Während das Langhaus tatsächlich keine Spuren eines Gewölbes aufweist, finden sich im Chor noch sechs Konsolen, auf denen ursprünglich ein Gewölbe ruhte.

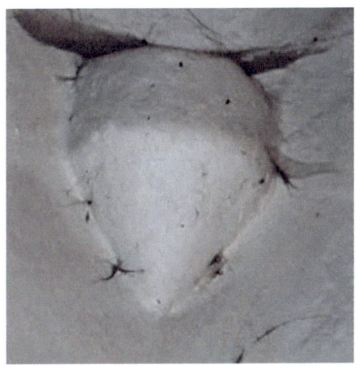 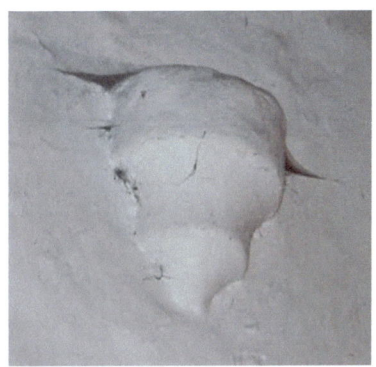

Rekonstruiert man den Verlauf der Kreuzrippen, bzw. des sechsteiligen Rippengewölbes im Chorabschluss, zeigt sich, dass die Strebepfeiler so angeordnet sind, dass der Bogenschub des Gewölbes an ihnen vorbeidrückt. Diese Fehlkonstruktion ist der Hauptgrund dafür, dass das Gewölbe im 19. Jahrhundert herunterbrach.

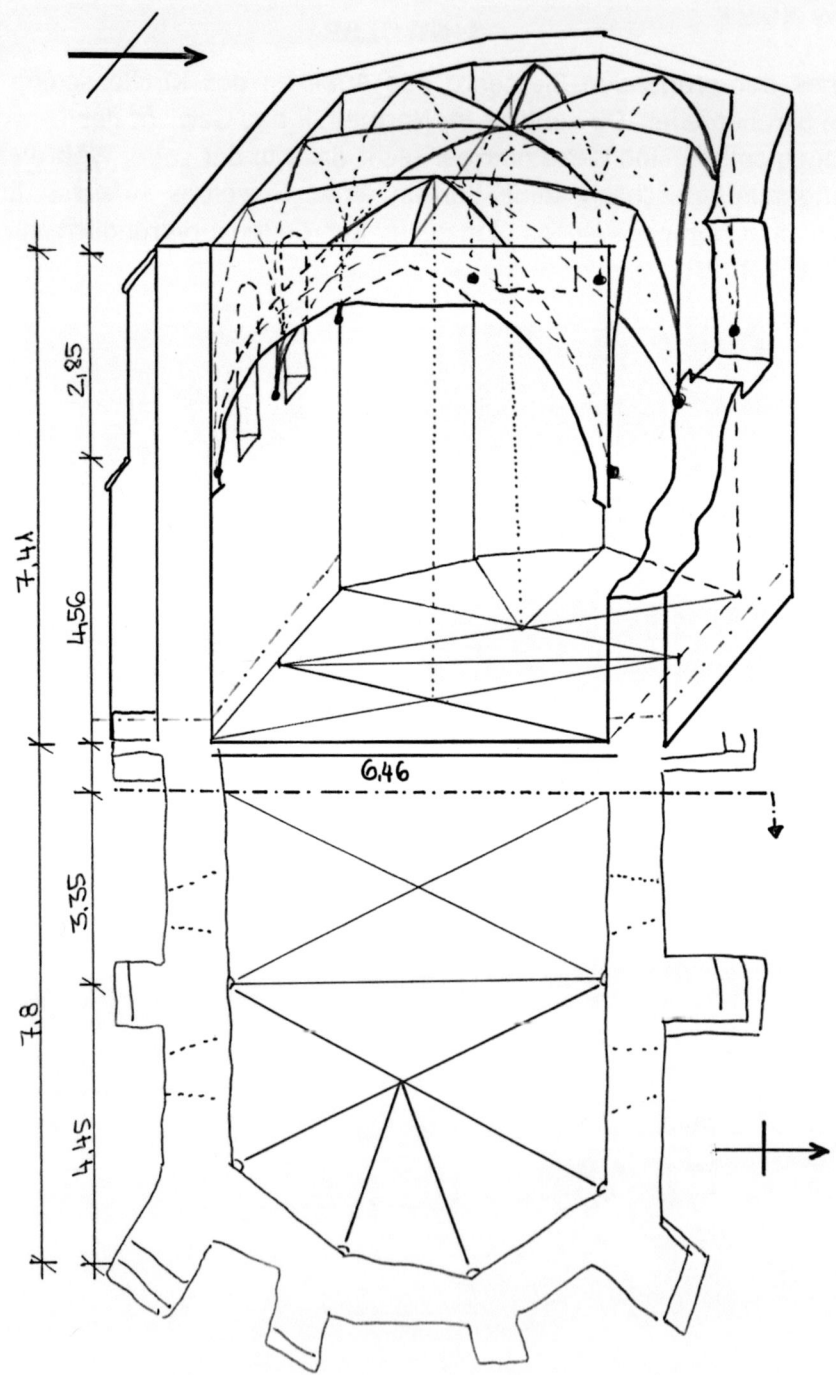

CHORKIRCHEN-TYPUS

Für die Wahl des überaus modernen Typus der Chorkirche in Rumes gibt es zwei unterschiedliche Erklärungen. Die eine ist, dass man sich eine Kirche zum Vorbild nahm, deren Seitenschiffe nach dem Türkenkrieg abgetragen worden war. Ein gut erhaltenes Beispiel ist Krakau. Die andere Erklärung ist, dass Berater geholt wurden, die den Typus bereits kannten. Die Franziskaner waren in Broos ansässig und hatten in Altenberg bereits eine Chorkirche errichtet. Eine Unterstützung der Gemeinde, nach dem schweren Rückschlag durch den Krieg wäre denkbar.

Auch wenn sich das Verbreitungsgebiet des Chorkirchen-Typus zwar örtlich nicht begrenzen lässt, ist es ein zeitlich begrenztes Phänomen, das im Rahmen der Wehrbarmachung im 15. Jahrhundert auftaucht.

Nach der türkischen Großoffensive von 1438 werden vermehrt die Seitenschiffe der Basiliken abgetragen, um in Zukunft weniger Angriffsfläche für Belagerer zu bieten und den Kirchenbau leichter verteidigen zu können. Damit entsteht ein neuer Typus. Parallel dazu beginnt man diesen Typus auch neu zu bauen. Es handelt sich um eine Lösung, die zwischen Basilika und Wehrkirche liegt, die sowohl kriegerische, als auch religiöse Überlegungen vereint.

Auf der einen Seite stehen der nachlassende Reliquienkult, der eine bauliche Trennung von Altar- und Gemeinderaum nicht mehr unbedingt nötig macht, auf der anderen Seite der Versuch, die Kirchenge-bäude so kompakt wie möglich zu gestalten, um das Gebäude leichter verteidigen zu können.

18. Jahrhundert

Im Inneren der Kirche wird 1740 der heutige Altar errichtet und 43 Jahre später erstmals umgeformt, Im Außenbereich wird 1758 das Dach mit Schindeln gedeckt. Am Ende des Jahrhunderts wird die kleine Glocke gegossen. Daraus lässt sich schließen, dass es zu diesem Zeitpunkt bereits einen Glockenstuhl im Umfeld der Kirche gegeben haben könnte, immerhin wird der Kirchturm erst 25 Jahre später gebaut.

Denkbarer Standort des Glockenstuhls vor Errichtung des Kirchturms ist der Westturm der Ringmauer, der bei Grabungen 2011 gefunden wurde. Die Mauerdicke beträgt im unteren Bereich 1,20 m und etwas weiter oben 0,80 m, das entspricht in etwa den Maßen des westlichen Verteidigungsturmes in Michelsberg. Auch andernorts sind häufig Glocken in einem der Wehrtürme der Ringmauer anzufinden.

19. JAHRHUNDERT

Wo auch immer die Glocken ursprünglich hingen, dieser Ort hatte im 19. Jahrhundert keinen Bestand mehr. Aus dem Jahre 1808 ist überliefert, dass eine große Glocke, aufgrund der Lagerung unter freiem Himmel zersprang und 1809 in Temeswar umgegossen wurde.

Wenig später wird mit dem Bau des Kirchturms, sowie der Vergrößerung des Schiffes unter dem Baumeister Balog Untal begonnen. Zwischen 1814 und 1819 wird das westlichste Joch des Gemeindesaals mit dem Turm angefügt. In der gleichen Bauphase soll auch das Südportal vermauert worden sein, jedoch will Victor Roth 1922 noch ein spitzbogiges vermauertes Portal gesehen haben, was ein Hinweis dafür wäre, dass die heute sichtbare Füllung erst danach angebracht wurde.

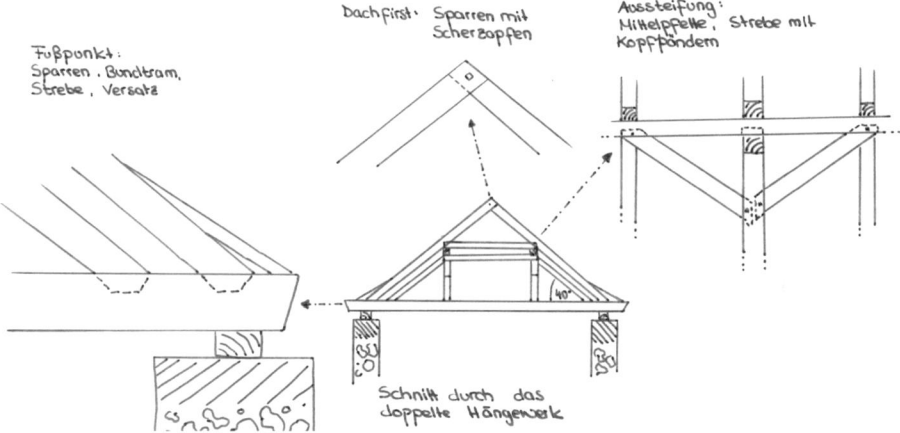

1823 wird das alte Schindeldach unter dem Pfarrer Johann Schuster durch ein Ziegeldach ersetzt, gleichzeitig stellt man einen neuen Dachstuhl auf. Das neue Dach wird als ein doppeltes Hängewerk mit 25,10 m Länge, 7,80 m Breite und einem Neigungswinkel von 40° konstruiert, das vor allem dann Verwendung findet, wenn der Dachstuhl hohen Belastungen ausgesetzt ist. Es setzt sich aus dem Eigengewicht der Dachkonstruktion, dem Gewicht des Ziegelbelags, sowie der eingehängten Flachdecke zusammen.

Eine Besonderheit dieses Dachstuhls ist die Überbrückung der Binder über dem Chorquadrat, wodurch eine Aussparung über dem westlichen Chorgewölbejoch entsteht. Eine konstruktive Notwendigkeit dafür lässt sich mathematisch nachweisen.

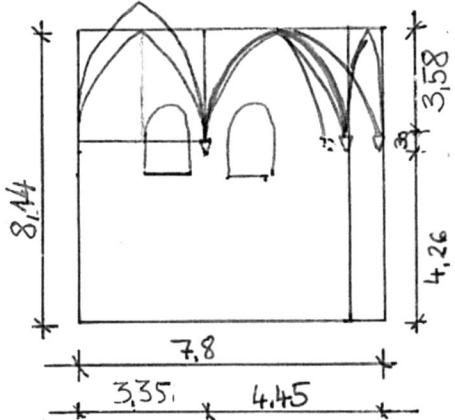

Die Aussparung im Dachstuhl ist nötig, da im vorderen Feld ein gebustes Gewölbe ausgeführt wurde, welches über die Scheitel der Schildbögen hinaus ragte.

Ein gebustes Gewölbe macht konstruktiv Sinn, wenn der Gewölbedruck stärker nach unten, als nach außen abgeleitet werden soll, die Baumeister also an einem geringen Bogenschub interessiert sind. Betrachtet man die Position der Strebepfeiler, welche aufgrund ihrer Position nicht in der Lage gewesen wären den Bogenschub aufzufangen, ergibt sich die Notwendigkeit, die Auflagerkraft auf direktem Weg in die Außenmauer abzuleiten.

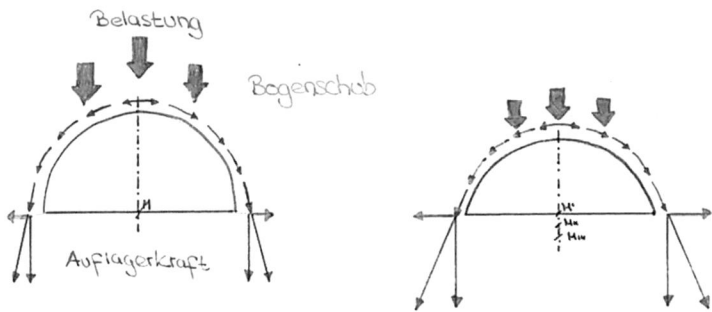

Es bleibt nach wie vor fraglich, ob die bäuerliche Bauhütte in der Lage war, statische Aspekte dekorativen Überlegungen vorzuziehen. Es ist wahrscheinlich, dass die Dorfgemeinschaft zumindest für das Mauern des Gewölbes Fachleute angeheuert hat.

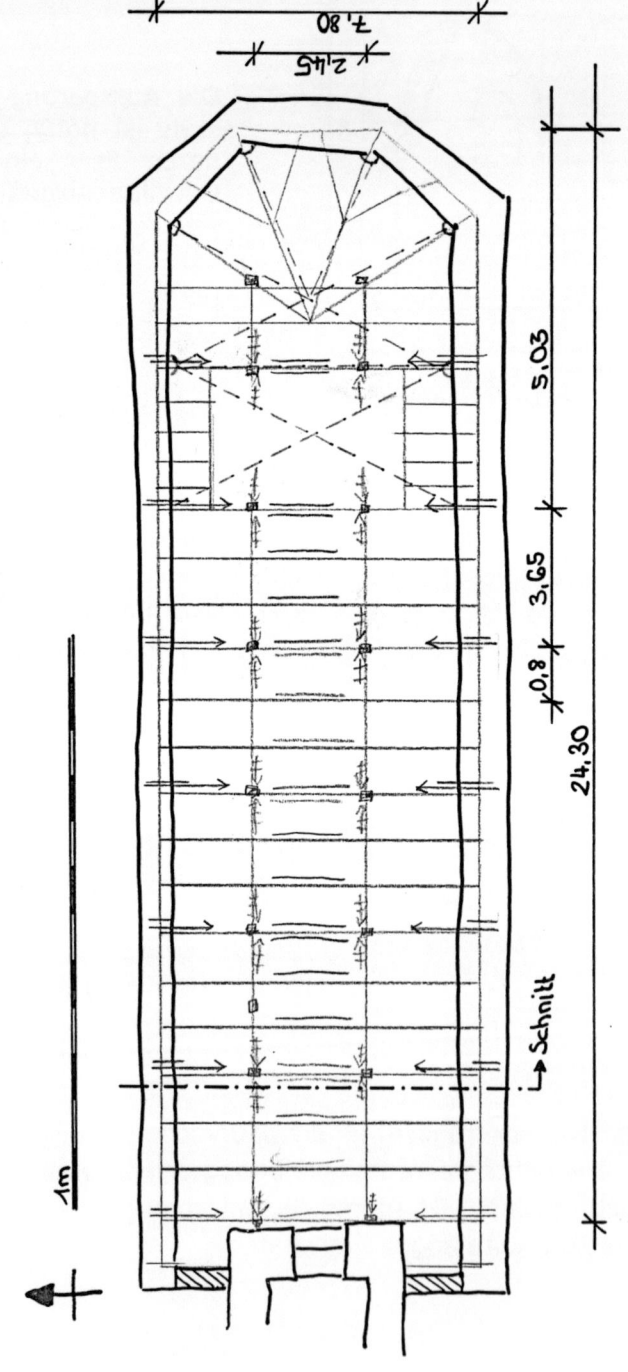

Dachschema – Kirche Rumes – Doppeltes Hängewerk
mit rekonstruiertem Chorgewölbe
Schnittebene: + 8,000 m

7,80

2,45

5,03

3,65

0,8

24,30

Schnitt

1m

46

1860 verliert die Kirche schließlich ihr Chorgewölbe, als der Bogen-schub des Gewölbes die Chormauern auseinander drückt. Ob das Gewölbe dabei komplett einstürzte bleibt offen. Der Altar wurde jedenfalls erst fünf Jahre später repariert.

Man erkennt, dass beim Verfüllen der Risse Holzpflöcke in das Mau-erwerk getrieben wurden. Da der Riss im Norden genau durch den Scheitel des letzten Fensters verlaufen ist, entscheidet man sich, wohl aus statischen Gründen, zum Vermauern der beiden östlichsten Öffnungen. Im selben Arbeitsschritt werden auch die ursprünglichen Fenster verkleinert und tiefer gesetzt, wodurch das gotische Maßwerk verloren geht. Die Fenster im westlichen Erweiterungsjoch von 1814 bleiben unverändert.

20. Jahrhundert

Im 20. Jahrhundert wurden an der Kirche nur wenige Veränderungen vorgenommen. Seit der Elektrifizierung wird der Chor von drei Lampen im Altar beleuchtet. In der Christmesse überspannt ein „Stern von Bethlehem" den Altarraum.

Der Gemeindesaal wird von zwei schmiedeeisernen Leuchtern erhellt. Im Jahr 1923 wird die heutige große Glocke gegossen, welche die 1916 zu Kriegszwecken requirierte Vorgängerglocke ersetzt.

Im Außenbereich wurde 1910 die Friedhofshecke angelegt, um den Friedhof zu den umliegenden Gärten abzugrenzen. Die Hecke übernimmt damit die Aufgabe, welche jahrhundertelang die Ringmauer inne hatte und hält Kirche, Friedhof und Bepflanzung optisch als Ensemble zusammen.

1560 verlässt der letzte Gräf die Ortschaft, woraufhin sein Edelhof an die Gemeinde fällt, die ihr Pfarrhaus Ende des Jahrhunderts vom Baumgarten, einer Wiese südlich der Kirche, hinunter an den Fuß des Kirchberges versetzt. Ein Münzfund von 1528 am Grunde des Brunnens legt nahe, dass es sich bei dem nördlichen Teil des heutigen Pfarrhauses im Kern noch um diesen Edelhof handelt. In der rumänischen Denkmalliste ist das evangelische Pfarrhaus hingegen als ein Bau aus dem 17. Jahrhundert geführt, obwohl der Baubefund deutlich drei Bauperioden zeigt.

Das alte Gemeindehaus, dessen Spuren durch die Vegetation immer stärker verwischen und in Kürze wohl gar nicht mehr sichtbar sein werden, befand sich südlich der Friedhofshecke. Südlich der Kirche erkennt man in der Wiese seichte Wellen. An dieser Stelle sind heute einige junge Zwetschgenbäume gepflanzt. Diese Wellen zeichnen den Grundriss des früheren Pfarrhauses nach, über das nichts weiter überliefert ist, als dass es mit einem Tunnel mit der früheren Kirche verbunden gewesen sein soll. Im Rahmen von Wehrkirchenbauten würde die Existenz eines Tunnels nicht weiter verwundern.

Spätestens seit den Berichten des „Rumeser Studenten", der erzählte, dass die Türken den unbezwingbar scheinenden Turm in Mühlbach einfach anzündeten um die Menschen auszuräuchern und die Überlebenden gefangen nehmen zu können, macht es Sinn über einen Fluchtweg aus der Kirche zu verfügen. Andersherum konnte es auch für den Pfarrer von Vorteil sein, sich vor streunenden Räuber-

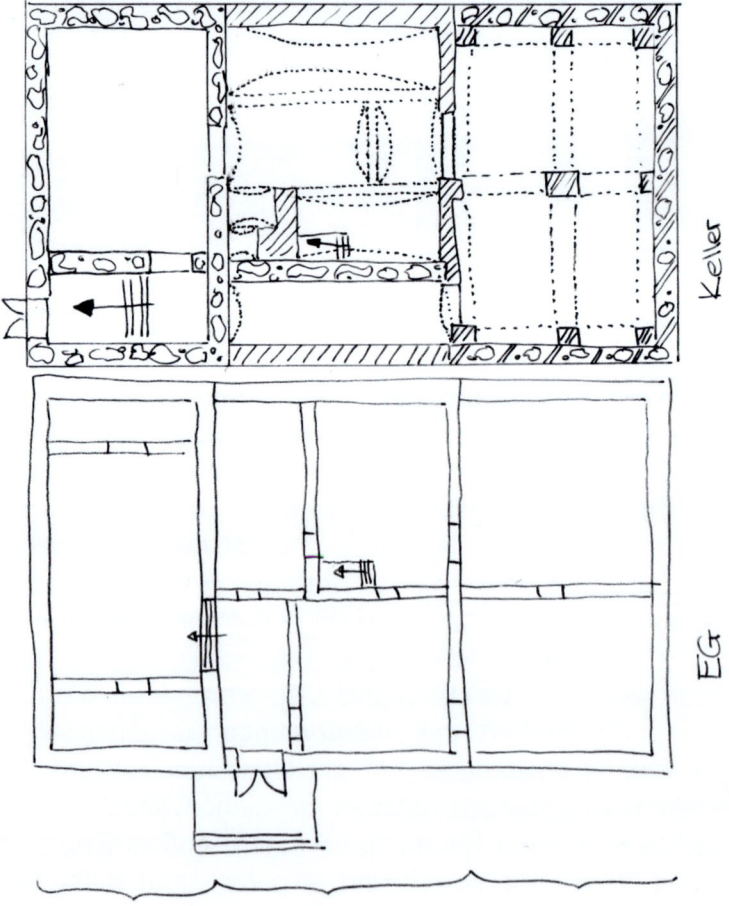

Keller

EG

banden aus dem Pfarrhaus in die Kirche in Sicherheit bringen zu können. Einen solchen Gang kann man heute noch in Krakau finden. Er diente der Evakuierung der Kirche über die Krypta unter dem Langhaus hindurch aus der Wehranlage hinaus.

Da die Archivbestände 1735 durch einen Brand zerstört wurden, ist die Dokumentation erst ab diesem Zeitpunkt erhalten. Danach können jedoch kleinere und größere Bauarbeiten an der Kirche und dem Pfarrhaus nachvollzogen werden.

Im 18. Jahrhundert wird der Mittelteil des Pfarrhauses angebaut. Besonders gut lässt sich die Abgrenzung zum älteren Teil im Keller nachvollziehen, wo das Kellergewölbe auf gänzlich andere Weise ausgeführt worden ist, als das bereits vorhandene.

oben,
links:
16.Jh

oben,
rechts:
18.Jh

links:
1839

1839 werden die beiden südlichen Räume angebaut. Die Kellerwände sind im Schichtmauerwerk ausgeführt, wie sie erstmals im Erdgeschoss des Turmes und der Kirchenerweiterung verwendet wurde.

Auch wird die Straßenfront in dieser Zeit vermauert, wie es in Siebenbürgen Tradition ist. Dass das Pfarrhaus bisher aus dem Parzellenverband des Dorfes ausgebrochen war, hängt mit der ungewöhnlichen Gebäudeform, bedingt durch die gestaffelte Baugeschichte, zusammen.

Die zur Kirche führende Straße ist beidseitig durchgehend baulich geschlossen. Es wechseln sich giebelständische Häuser mit oder ohne Schopfwalm, mit von Toren durchbrochenen Mauern ab. Ende des Jahrhunderts erlebt das Pfarrhaus seine letzte größere Veränderung als man den mittigen Eingang auf der Garten-, also Westseite des Gebäudes anbaut.

Schriebe man die Typologie nach dem 20. Jahrhundert weiter, erschiene mit der Auswanderung der Sachsen von 1990 eine weitere Periode des Stillstandes in der Siebenbürgischen Baugeschichte. Diesmal bedarf es allerdings keines Feindes von außen, nicht einmal eines Feindes von innen. Es genügt der Zahn der Zeit, um die Zersetzung der Bauten voranzutreiben, welche die wenigen verbleibenden Verantwortlichen nicht mehr zu erhalten im Stande sind. Es gilt zukünftig durch geschicktes Taktieren und Verteilen von Ressourcen diese Denkmallandschaft zu erhalten und damit die Rumeser Kirche als ein erhaltenswertes Objekt zu präsentieren.

Ort	Inschriftentext
Altarrückseite	„Mit Gottes Hilfe, zu seiner Ehre wurde dieser Altar Samt Kanzel u. Schalldecke im Jahre 1902, unter dem Pfarramte des Dr. Albert Amlacher, als Johan Walther Hermann Curator, und Georg Johann Walther Kirchenvater waren, aus völligem Verfall fast ganz neu wieder hergestellt durch Josef Vogel Kunsttischler aus Schaessburg."
Chorgestühl	„Gewidmet von Christian Bauer 1893"
Dach - Erstes Kopfband von Westen	„AR BA VA TOR"
Dach - Inschrift nördl. Mittelpfette	„IohANES SchUSTER [abgeschliffen: FACEB (?)] SteFANUS TODBAUMEISTER MiCHEL WERNER CANTORANO18Z3"
Fahne - Beschriftung Rückseite	„Diese Fahne verehret Georg Delg gebürtig von Neudorf gewesener Rektor in Romos Zum Andenken seines verstorben Sohn Joh. Georg Delg alt 18 Jahr."
Glocke - größere Glocke	„Herr•Du•bist•unsere•Zuflucht•für•und•für | Das•evangelische Rumes | 1923"
Glocke - kleiner Glocke	„GLORIA•IN•EXCELSIS•DEO•REFUSA•SUM•A• 1795"
Lesepult	„Alles, wass Athem hat, Lobe den Herrn, Halleluja | Psalm Cl.v.6"
Orgel, Spieltisch	„Wien 1873 • Kirchen-Concert-Orgel und Harmonium Fabrik • Paris 1878 | IN JÄGERNDORF • GEBRÜDER RIEGER • OEST. SCHLESIEN" „Opus 278". „Principal 8', Gedackt 8', Salicional 8', Octave 4', Dolce 4' "
Turm, Südl.Außenmauer in Vorbaudach.	„MP MB | 191312"(?)

†
1914 – 1918

Mathias Birk	Mathias Schmidt
Hermann Brotschi	Thomas Schmidt
Johann G. Fleischer	Mathias Zell

1940 - 1944

Gedenktafel - Südwand
neben Kanzel

Johann G. Bauer	Mathias Lenz
Michael G. Bauer	Philipp J.G. Lenz
Johann Bauer	Martin Schuller
Mathias Binder	Johann Stefani
Christian Henning	Philipp Stefani
Josef Henning	Gottlieb Walther
Johann G. Lenz	Josef Zell

1945 – 1950
Theresia Walther
„Kommt wir wollen wieder zum HERRN; denn
Er hat uns zerrissen, Er wird uns auch heilen,
Er hat uns geschlagen, Er wird uns auch
verbinden.‟
Hosea 6,1
Pfingsten 2003

LITERATUR

Das beste Nachschlagewerk für die Auseinandersetzung mit den Kirchen Siebenbürgens ist der zweibändige Atlas der siebenbürgischen Dorfkirchen des Architekten und Denkmalpflegers Hermann Fabini aus den 1990er Jahren, es handelt sich dabei um das deutschsprachige Standardwerk zu Kirchen in Siebenbürgen.

Ein ungarisches Pendant zu Fabinis Atlas ist erst kürzlich von Karczag Ákos und Szabó Tibor veröffentlicht worden. Es zeigt, dass Rumes in der ungarischen Fachliteratur bis jetzt ähnlich wenig Beachtung fand, wie in der Deutschen.

Die wichtigste Quelle für die Rumeser Geschichte ist, selbst nach mehr als 100 Jahren, die Ortsmonographie des Rumeser Pfarrers und Historikers Albert Amlacher, der die Geschichte des Ortes im Rahmen seiner Dissertation, durch alle Zeiten hindurch schildert. Sein Werk hat viele Erzählungen über den Ort durch die Zeit gebracht, die ansonsten im Laufe des 20. Jahrhunderts in Vergessenheit geraten wären.

Erwähnenswert ist auch noch die Arbeit von Gustav Treiber, der in seinem Werk über mittelalterliche Kirchen der Rumeser Kirche eine Doppelseite widmete. Seine These über den basilikalen Ursprung der Kirche wird im Rahmen dieser Arbeit widerlegt.

Für die Forschungen wurden u.a. folgende Werke verwendet. Eine vollständige Literaturliste kann an dieser Stelle nicht geboten werden, kann aber in der Magisterarbeit eingesehen werden.

Autor, Jahr	Vollständiger Titel
Amlacher 1912	Amlacher, Albert: Rumes. Aus der Vergangenheit und Gegenwart einer siebenbürgisch-sächsischen Dorfgemeinde. Hermannstadt 1912.
Arpad 2008	Árpád, Varga E.: Hunyad megye településeinek etnikai (anyanyelvi/nemzetiségi) adatai. 1850-2002. (übs: Ethnische Daten (Muttersprache/ Nationalität) des Landkreises Eisenmarkt 1850-2002) (PDF-Datei) in:www.kia.hu/konyvtar/erdely/erd2002/hdetn02.pdf, S.136ff. (zuletzt aufgerufen am 10.06.2012)
Berger 1894	Berger, Albert: Volkszählungen in den 7 und 2 Stühlen, im Bistritzer und Kronstädter Distrikte vom Ende des XV. und Anfang des XVI, Jahrhunderts. in: Korrrespondenzblatt des Vereins für siebenbürgische Landeskunde. XVII. Jg. Nr..5, Hermannstadt 1894.
Denkmalliste 2010	Liste historischer Monumente, Hg. Ministerium für Kultur und nationales Erbe. Amtsblatt, Teil I, Nr. 670, Stand 1.10.2010. in: http://www.cultura.abt.ro/Files/GenericFiles/LMI-2010.pdf (aufgerufen am 03.12.2012)
Dörner 2002	Dörner, Anton E.: Urkunden und Chroniken über die Geschichte der Stadt und des Brooser Stuhls. Bd.1: 1200-1541. Klausenburg 2002.
Fabini 1999	Fabini, Hermann: Atlas der siebenbürgischen-sächsischen Kirchenburgen und Dorfkirchen. Bd.3 (Bildband). Hermannstadt 1999.
Fabini 2002	Fabini, Hermann: Atlas der siebenbürgisch-sächsischen Kirchenburgen und Dorfkirchen. Bd.1. (3.überarb. Aufl.) Hermannstadt/Heidelberg 2002.
Huß 1922	Huß, Richard: Die Kirchenheiligen in Siebenbürgen, ein aus der Urheimat mitgebrachtes Kultureigentum. in: Landschafts- und Kulturbilder. Siebenbürger Sachsen. Sonderheft der Zeitschrift Deutsches Vaterland, Jg. 4, Sept./Nov. Hg. Stepan, Eduard. Wien 1922, S.35-95.
Mildner, Rumes	Mildner, Steffen: Kirchenburg Rumes/Romos. Hg. Leitstelle Kirchenburgen – Projektbüro beim Landeskonsistorium der Evangelischen Kirche A.B. in Rumänien. in: kirchenburgen.org/wp-content/uploads/2012/05/Rumes_de.pdf (PDF-Datei) (zuletzt aufgerufen am 03.12.2012)
Philippi 1996	Philippi, Paul: Das AMEN des "Sächsischen Vaterunsers", "Festrede" anlässlich der 790-Jahresfeier in Rumes am 29. Sept. 1996. in: Land des Segens? Fragen an die Geschichte Siebenbürgens und seiner Sachsen. Köln/Weimar/Wien 2008, S.69-80, erstmalig gedruckt in:

Quellen 1889	Karpatenrundschau, 26.10.1996, S.3 + 02.11.1996, S.3. Quellen zur Geschichte der Stadt Kronstadt in Siebenbürgen, Bd.1-8, Bd.2. Rechnungen aus dem Archiv der Stadt Kronstadt 1526-1540, Kronstadt 1889.
Roth 1922	Roth, Victor: Die kirchlichen Baudenkmäler des Unterwaldes. in: Beiträge zur Geschichte der evangelischen Kirche A.B. in Siebenbürgen. Bischof D. Friedrich Teutsch zum 70. Geburtstage. Hermannstadt 1922, S.290-323.
Stenner 1887	Stenner, Friedrich: Zählung der Wirte im Brooser und Mühlbacher Stuhl im Jahre 1536. in: Korrespondenzblatt des Vereins für siebenbürgische Landeskunde. Hermannstadt 1887, S.111f.
Treiber 1971	Treiber, Gustav: Beiträge zur Geschichte mittelalterlicher Kirchen in Siebenbürgen. München 1971.
Wagner 1977	Wagner, Ernst: Historisch-statistisches Ortsnamenbuch für Siebenbürgen. Köln/Wien 1977.

GLOSSAR

5/8-Chorabschluss – Das östliche Ende des Chores bilden fünf Seiten eines Oktogons.

Chorkirche – Ein Kirchentyp, der u.a. in der Gotik neu gebaut wird oder durch Abtragen basilikaler Seitenschiffe entsteht.
Von außen ist der Übergang von Gemeindesaal zu Chor nicht erkennbar. Der **Chor** ist der Ort des Altars.

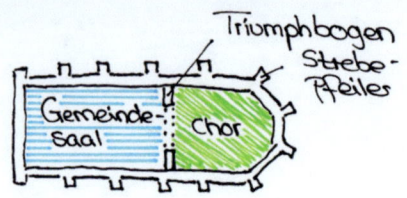

Devotionalie – Ein Gegenstand der religiösen Andacht.

(Hoch-)Altar – Eine Verehrungsstätte für Gott, besteht aus verschiedenen Teilen, z.B.:

korinthische Säule
Blendsäule/Pilaster
Predella
Sockel/Stipes

Gotik – Eine kunstgeschichtliche Epoche in Europa von etwa 1140 bis 1550. Typische Architekturformen sind Spitzbögen, hohe Gewölbe und aufgelöste Wandflächen. In Siebenbürgen werden gotische Formen oftmals den Verteidigungsanforderungen untergeordnet, weshalb die Gotik in Siebenbürgen regelmäßig massiver ausgestaltet ist.

Gräfen – Ungarische Amtsadlige, im weitesten Sinne Richter mit Kriegsdienstverpflichtung.

Joch – Der Achsabstand von Pfeiler zu Pfeiler.

Kämpfer – Der Stein auf dem ein Bogen aufliegt.

Maßwerk – Filigrane Steinmetzarbeiten, u.a. in Fensteröffnungen.

Patrozinium – Die Schutzherrschaft eines Heiligen über eine Kirche, Schule, Spital o.ä.

Reliquie – Ein Gegenstand religiöser Verehrung, z.B. ein Körperteil eines Heiligen.

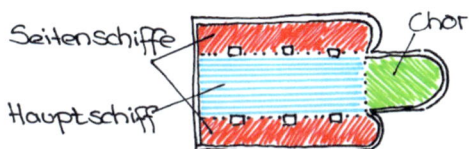

Romanik – Eine kunstgeschichtliche Epoche in Europa ab ca. 1000 n.Chr. bis ins 13. Jh.
Typische Architekturformen sind Rundbögen und wuchtige Steinmassen; meist gebauter Kirchentyp ist die **Basilika**.

Strebepfeiler –
Eine rechtwinklig zur Außenwand abstehende Mauervorlage, deren Aufgabe es ist den Schub des Gewölbes aufzufangen.

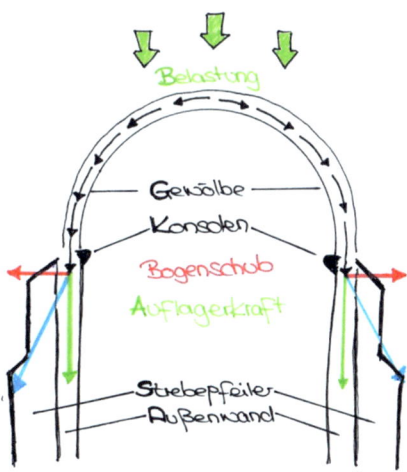

Triumphbogen – Der Spitzbogen zwischen Chor und Gemeindesaal.

Bücher – auch so kleine wie dieses – machen viel Arbeit, deshalb möchte ich mich bei allen bedanken, die einen Teil zum Gelingen beigetragen haben:

MEIN DANK GILT...
... Herr Hermann Fabini, der mich von seiner jahrzehntelangen Erfahrung profitieren ließ.
... Pfarrer Wolfgang Arvay für sein Vertrauen.
... dem Rumeser Kurator Johann Bauer für seine Geduld und Unterstützung.
... meinen Professoren, die mir methodisch, wie menschlich mit Rat und Tat zur Seite standen.
... Herr Haltenberger für die Vermessungsrettung in letzter Sekunde.
... Familie Anghel! Mulţumesc mult pentru tot!
... Markus, der trotz des monatelangen Themenmonopols stets Interesse zeigte.
... allen Probelesern
und meiner Familie, die diese Arbeit erst möglich machte!